AF568890

Das große Buch vom
APFELBAUM

Holger Haag

Das große Buch vom APFELBAUM

Mit Illustrationen von Lars Baus

COPPENRATH

VORWORT

Bäume sind faszinierende Wesen. Sie bewegen sich nicht, geben keinen Laut von sich. Und doch stecken sie voller Leben. Alte Eichen, stolze Buchen, hohe Tannen: Viele von ihnen lassen uns ehrfürchtig darüber staunen, was sie wohl schon alles erlebt haben.

Und dann gibt es da noch den unscheinbaren Apfelbaum hinten im Garten, auf der Obstwiese, an der Dorfstraße oder bei Oma und Opa. Er ist nicht besonders groß, auch noch nicht viele Hundert Jahre alt und sogar ein bisschen krumm. Dennoch ist er ein guter Freund, gehört einfach dazu. Vielleicht hängt eine Schaukel an seinem stärksten Ast?

Das Beste sind natürlich seine knackigen Äpfel im Sommer oder Herbst. Jedes Jahr können wir zusehen, wie sich die leuchtenden Blüten in kleine Früchte verwandeln, die heranreifen und wachsen: rot, rund und einfach lecker!

Doch nicht nur wir Menschen mögen den Apfelbaum, auch viele Tiere. Hier finden sie Nahrung und Nistplätze, aber auch Schutz vor Schnee und Kälte, zum Beispiel in Astlöchern oder unter der Rinde.

Dieses Buch nimmt dich mit auf eine spannende Reise durchs Apfelbaum-Jahr: von den rosafarbenen Blüten im Frühling bis zu den kahlen Zweigen im Winter. Du erfährst, wie sich der Baum verändert, und lernst viele Tiere kennen, die auf ihm und um ihn herum leben.

INHALT

FRÜHLING

WACH GEKÜSST

Im Frühling erstrahlt der Apfelbaum in einem Meer aus rosaweißen Blüten. Daran erkennst du ihn schon von Weitem. Meist steht er in einem Garten, an einem Weg oder – in lockerer Anordnung – mit anderen Obstbäumen auf einer Streuobstwiese. Mit seinen Blüten lockt der Apfelbaum viele Tiere an.

Wasser und Nährstoffe

Im Frühling spürt der Apfelbaum, dass die Tage länger werden und die Temperaturen steigen. Endlich kann er wieder Wasser und Nährsalze aus der Erde aufnehmen, weil der Boden nicht mehr gefroren ist. Wenn du dein Ohr ganz dicht an den Stamm hältst, hörst du mit ein bisschen Glück das leise Rauschen in der Rinde.

Es gibt zwei verschiedene Leitungsbahnen: Im sogenannten Xylem findet der Wassertransport von der Wurzel bis in die Baumspitze statt. Im Phloem dagegen gelangen wichtige Nährstoffe wie Zucker und Eiweiße von den Stellen, wo sie hergestellt werden, dorthin, wo sie gebraucht werden, also zum Beispiel von den Blättern zu den Früchten.

Kurztrieb mit Blütenknospen

Langtrieb mit Blattknospe

Neue Blüten, Blätter und Zweige

Hast du an den Zweigspitzen kleine Verdickungen entdeckt? Das sind die Knospen. Wenn du eine Knospe in der Mitte durchschneidest und dir eine Hälfte unter einem Mikroskop ansiehst, erkennst du viele winzige Blätter, die sehr eng beieinanderliegen. Um sich entfalten und wachsen zu können, brauchen sie jetzt viel Wasser und Nährstoffe. Wenn du ganz genau hinsiehst, findest du zwei unterschiedliche Arten von Knospen. Die Blütenknospen sind meist etwas dicker und entwickeln sich zuerst. Häufig entspringen mehrere Blüten einer Knospe. Jede Blüte hat fünf Blütenblätter und wächst an einem Blütenstiel. Etwas später bilden sich die Blätter aus, in denen mithilfe der Sonne Energie für den Apfelbaum hergestellt wird.

Auch neue Triebe, also Zweige, entstehen jetzt. Die Langtriebe haben nur Blätter und sorgen dafür, dass der Apfelbaum größer wird. An den Kurztrieben mit den Blüten werden später die Äpfel reif.

DAS GROSSE KRABBELN

Im Frühling erwacht nicht nur der Apfelbaum zu neuem Leben, auch die Insekten werden munter. Einige sind für den Apfelbaum sehr nützlich, bei anderen ist es gut, wenn es nicht zu viele werden. Sieh dir den Apfelbaum aus der Nähe an und entdecke die Welt der Krabbeltiere!

Die Honigbiene

Sobald der Apfelbaum in voller Blüte steht und es warm genug ist, kannst du die Honigbienen summen hören und beobachten, wie sie von Blüte zu Blüte fliegen. Zusammen mit den Wildbienen sind sie für die Bestäubung der Apfelblüten besonders wichtig. Ohne Bienen würden im Herbst nur halb so viele Äpfel am Baum hängen.

Honigbiene

Während die meisten Insekten – auch die Wildbienen – Einzelgänger sind, leben Honigbienen in einer Gemeinschaft, in der jede Biene eine Aufgabe hat. Außerdem halten sie keine Winterstarre. Stattdessen rücken sie ganz eng zusammen und wärmen sich gegenseitig, indem sie mit ihrer Flugmuskulatur zittern. Um dafür im Winter genug Energie zu haben, sammeln sie schon jetzt fleißig Blütennektar und lagern ihn als Honig in ihrem Bienenstock ein. Außerdem versorgen die Bienen ihren Nachwuchs mit dem Nektar und dem Pollen der Apfelblüten.

Blattläuse

Die Apfelblattlaus

Die Apfelblattlaus überwintert als Ei nah bei einer Knospe. Wenn sie im Frühling schlüpft, bekommt sie schon bald lebende Junge, die dann ebenfalls sofort wieder Nachwuchs zur Welt bringen. Alle haben Hunger und saugen den Saft aus den jungen Blättern. Dass plötzlich so viele Blattläuse auf dem Apfelbaum leben, erkennst du daran, dass sich die Blätter von der Spitze her einrollen.

Apfelblütenstecher

Der Apfelblütenstecher

Ein ebenfalls ungern gesehener Gast ist der Apfelblütenstecher, ein kleiner Rüsselkäfer. Er verbringt den Winter in Rindenritzen oder im Boden. Sobald die Blütenknospen anfangen, größer zu werden, legt der Käfer seine Eier hinein. Die Larven fressen die Knospen von innen auf, sodass sie verkümmern.

Marienkäfer

Die Apfelgespinstmotte

Während der kalten Jahreszeit verstecken sich die frisch geschlüpften Raupen der Apfelgespinstmotte in der Baumkrone, nah bei den Knospen. Klettert das Thermometer auf zwölf Grad, werden die Tierchen aktiv und beginnen, die ersten kleinen Blätter des Apfelbaums zu fressen. Um sich vor Feinden, zum Beispiel vor Vögeln, zu schützen, bauen sie ein Gespinstnest. Bis zu 300 Raupen können darin leben. Wenn sie massenhaft auftreten, besteht die Gefahr, dass sie den ganzen Apfelbaum kahl fressen. Doch der Baum weiß sich zu helfen und treibt noch einmal aus, sobald sich die Raupen verpuppt haben und nun nichts mehr fressen.

Gespinstnest mit Raupen

Der Marienkäfer

Zum Glück gibt es auch Insekten, die sich die Tiere schmecken lassen, die dem Apfelbaum schaden: Marienkäfer und ihre Larven zum Beispiel mögen Blattläuse. Ein ausgewachsener Marienkäfer vertilgt pro Tag bis zu 150 Blattläuse.

ZEIT, EIN NEST ZU BAUEN

Im frühen Frühjahr beginnen einige Vögel, die den Winter bei uns verbracht haben, mit dem Brutgeschäft, etwa Höhlenbrüter wie die Kohlmeise und der Feldsperling. Hast du sie schon im Apfelbaum entdeckt?

Die Kohlmeise

Die Kohlmeise ist unsere größte und häufigste Meise. Du erkennst sie leicht an ihrem schwarzen Kopf mit den weißen Ohrflecken. Die Unterseite ist gelb mit einem schwarzen Streifen vom Hals bis zum Bauch. Die Oberseite ist blaugrün und der Flügel hat eine weiße Binde.

Jetzt im Frühjahr singt das Männchen besonders laut sein „Zi-da“ oder „Zi-dit“ oder „Zizi-bäh“. Auf diese Weise kennzeichnet es sein Revier und versucht, ein Weibchen anzulocken. Das Pärchen baut sein Nest gemeinsam in einer Höhle. Vielleicht haben die beiden im Apfelbaum eine verlassene Spechthöhle entdeckt oder ein Astloch, das groß genug ist? Oder ein Mensch, der Kohlmeisen mag, hat einen Nistkasten mit passendem Einflugloch (32 Millimeter) aufgehängt.

Damit Eier und Küken es schön warm haben, polstern die Eltern das Nest mit Moos, Wolle und Federn aus. Das Weibchen legt bis zu zwölf Eier hinein, die es zwei Wochen lang bebrütet. Die hungrigen Küken werden von ihren Eltern mit nahrhaften Insekten gefüttert, die die Vögel unermüdlich von Sonnenaufgang bis Sonnenuntergang herbeibringen. Viele finden sie im Apfelbaum.

Feldsperlinge

Der Feldsperling

Steht der Apfelbaum auf einer Obstwiese, bekommt er oft Besuch von Feldsperlingen. Sie sind mit dem Haussperling verwandt, ihr Kopfgefieder ist jedoch etwas anders gefärbt: Während der Feldsperling eine braune Kopfplatte hat, ist sie beim Haussperling grau. An den Wangen des Feldsperlings fällt zudem ein dunkler Fleck auf. Männchen und Weibchen sehen im Gegensatz zum Haussperling gleich aus.

Was die beiden Arten gemeinsam haben: Sie sind sehr gesellig und meist in Gruppen unterwegs. Daher brüten sie auch gern in kleinen Kolonien. Auf einer Obstwiese mit vielen alten Apfelbäumen haben sie bestimmt Glück und finden mehrere Höhlen. Wer Feldsperlingen etwas Gutes tun will, lässt alte Obstbäume stehen und hängt viele Nistkästen eng beieinander auf.

Für sein Nest trägt das Feldsperlingspärchen viele trockene Grashalme in die Höhle und kleidet sie damit aus. Die Nistmulde wird mit weichen Federn und Haaren gepolstert, bevor das Weibchen drei bis sechs Eier hineinlegt. Manche Pärchen bleiben mehrere Jahre zusammen und nutzen immer wieder dieselbe Höhle, andere lieben die Abwechslung.

Siebenschläfer

MIT FELL UND GUTER NASE

Während du Vögel und Insekten rund um den Apfelbaum leicht entdecken und beobachten kannst, brauchst du ein bisschen Geduld, um im Frühling auch einigen Säugetieren auf die Spur zu kommen. Denn entweder sind sie sehr scheu oder schnell, leben unter der Erde oder werden erst nachts so richtig munter.

Der Maulwurf

Eigentlich interessiert sich der Maulwurf nicht für Apfelbäume. Er frisst nicht einmal Äpfel. Trotzdem siehst du auf Obstwiesen zahlreiche Maulwurfshügel. Warum? In der Erde unter dem Apfelbaum leben viele Insektenlarven und Regenwürmer. Wenn der Maulwurf sich auf der Suche nach ihnen durch den Boden gräbt, lockert er die Erde auf, sodass sie mehr Regenwasser aufnehmen kann. Und das ist gut für den Apfelbaum.

Maulwurf

Der Siebenschläfer

Erst im April oder Mai erwacht der Siebenschläfer aus seinem langen Winterschlaf und krabbelt aus seiner Erdhöhle, die ihn vor Frost geschützt hat. Sein Sommerquartier legt der Langschläfer in Baumhöhlen und Vogelkästen auf Obstwiesen an. Mit seinem grauen Fell und dem langen Schwanz sieht er ein bisschen wie ein kleines Eichhörnchen aus. Allerdings ist der Siebenschläfer nur in der Dämmerung und nachts unterwegs, was seine großen schwarzen Augen verraten. So kommt er dem Eichhörnchen bei der Futtersuche nicht in die Quere. Denn auch der Siebenschläfer frisst im Frühling gern Knospen und plündert Vogelnester, bevor er sich im Sommer Früchte und im Herbst Nüsse schmecken lässt.

Der Steinmarder

Möchtest du einem Steinmarder begegnen, legst du dich am besten in der Dämmerung auf die Lauer. Sein heller Kehlfleck ist auch im Dunkeln gut zu erkennen. Nachdem das graubraune Tier den Tag in einer Baumhöhle, auf einem Dachboden oder in einem Gartenschuppen verschlafen hat, huscht es jetzt blitzschnell über die Äste des Apfelbaums und über die Wiese – immer auf der Suche nach Vögeln, Insekten und Mäusen. Beim Klettern und Balancieren hilft ihm sein langer buschiger Schwanz. Im Frühling bringt das Weibchen zwei bis vier Junge zur Welt – vielleicht in einem Astloch des Apfelbaums.

Das Eichhörnchen

Müsste das Eichhörnchen nicht in einem Nussbaum statt in einem Apfelbaum herumklettern? Nüsse mag es zwar sehr gern, aber sein Speiseplan ist viel abwechslungsreicher. Jetzt im Frühling freut sich das flinke Tier über saftige Blatt- und Blütenknospen. Bietet sich die Gelegenheit, frisst es auch Eier und Fleisch, zum Beispiel Küken. Auch Insekten lässt sich das Eichhörnchen schmecken. Und wenn erst einmal die Äpfel und die anderen Früchte auf der Obstwiese reif werden, löscht das Eichhörnchen damit seinen Durst. Den ganzen Tag umherspringen, das macht müde. Darum zieht sich das Eichhörnchen abends in sein Nest zurück.

SOMMER

SO VIEL KRAFT!

Die hellen Blüten des Apfelbaums sind mittlerweile verschwunden, stattdessen hängen viele kleine Äpfel an den Zweigen. Du musst genau hinsehen, um sie zu entdecken, denn jetzt im Sommer ist der Apfelbaum voller grüner Blätter. Damit kühlt er die Luft und filtert bis zu 50 Kilogramm Staub im Jahr heraus.

Sonne, Zucker, Sauerstoff

In jedem Blatt befinden sich viele kleine grüne Punkte: Chloroplasten. Sie stellen aus Sonnenlicht, Wasser und dem Gas Kohlenstoffdioxid Zucker her. Dieser Vorgang heißt Fotosynthese. Der Baum leitet den Zucker zu seinen Wachstumsstellen – zu den Früchten, den neuen Ästen und in den Stamm, damit er dicker und stabiler wird. Ganz nebenbei entsteht Sauerstoff, den die meisten Lebewesen auf der Erde zum Leben brauchen – auch der Apfelbaum, aber nur ein bisschen, wenn es dunkel ist.

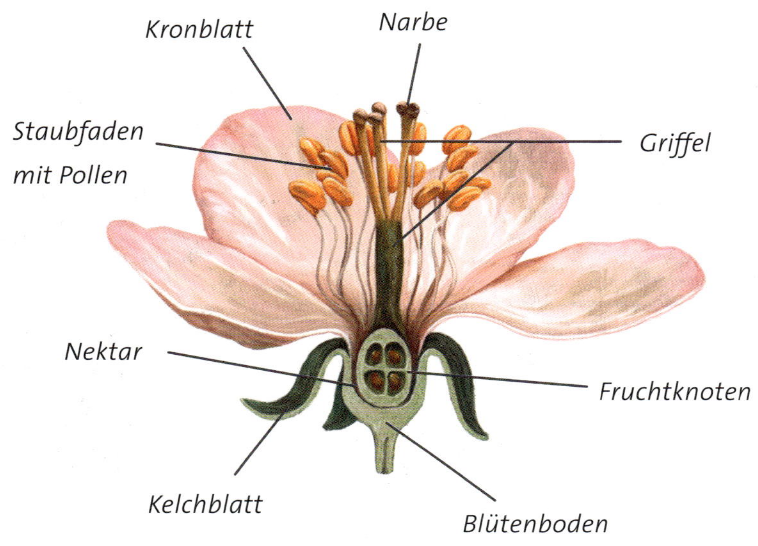

Ein sehr junger Apfel

Von der Blüte zum Apfel

In jeder Blüte ragen 15 bis 50 Staubfäden mit gelbem Pollen nach oben, das ist der männliche Teil der Blüte. Der weibliche Teil besteht aus drei bis fünf Griffeln in der Blütenmitte und dem Fruchtknoten unterhalb der grünen Kelchblätter. Damit ein Apfel entsteht, muss ein Pollenkorn eines anderen Apfelbaums auf den oberen Teil eines Griffels (Narbe) fallen. Dafür haben die Insekten bereits im Frühling gesorgt, als sie die Blüten bestäubt haben.

Das Kerngehäuse mit den Samenkörnern, aus denen neue Apfelbäume sprießen können, bildet sich aus dem Fruchtknoten. Aus dem Blütenboden entsteht das Fruchtfleisch. Es hat zwei Aufgaben: Zum einen liefert es den Samenkörnern Nährstoffe zum Wachsen. Zum anderen hilft es bei der Verbreitung: Frisst ein Tier einen Apfel, scheidet es die Samenkörner unbeschadet an einer anderen Stelle aus und gibt ihnen gleich eine Portion Dünger mit.

ÄPFEL IN GEFAHR!

Bis die Äpfel rund und reif sind, dauert es mehrere Monate, in denen viel passieren kann. Im Sommer tummeln sich einige Insekten auf dem Apfelbaum, die den jungen Früchten schaden können – genauso wie Pilzkrankheiten. Doch es gibt auch gute Nachrichten.

Der Apfelschorf

Eine gefürchtete Pilzkrankheit ist der Apfelschorf. Ist es im Frühjahr und Sommer sehr feucht und regnet viel, kann sich der Pilz stark ausbreiten. Kleine schwarze Flecken an den Blättern weisen auf den Pilz hin. Mit der Zeit werden die Flecken größer, bis die geschädigten Blätter abfallen. Auch die Äpfel bekommen kleine schwarze Flecken mit einer schorfartigen Oberfläche oder sternförmige Risse. Zwar können die Früchte auch dann noch gegessen werden, aber sie sind oft so unansehnlich, dass sie fast niemand mehr kaufen möchte.

Apfelsägewespe

Die Apfelsägewespe

Diese winzige Wespe lässt viele Äpfel vom Baum fallen oder hinterlässt unschöne Spuren auf der Schale. Kurz vor der Blüte schlüpft die Wespe aus ihrem Kokon. Ihre rund 20 Eier legt sie unterhalb der Kelchblätter ab. Dafür sägt sie kleine Ritze in den Blütenboden. Die Raupen fressen sich in den jungen Apfel und bohren einen spiralförmigen Gang unter die Schale. Später fressen sie sich bis ins Kerngehäuse durch. Dann fällt der Apfel herunter. Wird das Kerngehäuse nicht geschädigt, kann der Apfel normal weiterwachsen, aber der spiralförmige Gang bleibt deutlich sichtbar.

Der Apfelwickler

Klein, graubraun, unauffällig: Der Apfelwickel ist ein Nachtfalter, den erst wenige gesehen haben. Trotzdem kennen ihn die meisten, da er für den „Wurm im Apfel" verantwortlich ist. Mitte Mai schlüpfen die Falter aus ihren Kokons und legen nach der Paarung 20 bis 80 Eier an den noch jungen Äpfeln ab. Nach zwei Wochen schlüpfen die Larven, die sich zielstrebig bis zum Kerngehäuse fressen. Wenn die Larven nach drei bis vier Wochen ausgewachsen sind, verlassen sie die Äpfel, kriechen unter die Rinde und verpuppen sich dort. Problem: Weil es auf der Erde immer wärmer wird, schlüpfen zwei Generationen pro Sommer und richten dadurch enorme Schäden an den Äpfeln an.

Ohrenkneifer

Hilfe naht!

Ein kleines Tier mit schlechtem Ruf hilft dem Apfelbaum beim Kampf gegen die schädlichen Insekten: der Ohrenkneifer. Hartnäckig hält sich das Gerücht, Ohrenkneifer würden nachts in Ohren krabbeln. Das stimmt aber nicht. Vielmehr haben sie es auf Blattläuse und die Larven des Apfelwicklers abgesehen. Erstaunlich: Das Weibchen bewacht und pflegt seine Eier. Auch nach dem Schlüpfen kümmert sich die Mutter noch um ihren Nachwuchs. Wer Ohrenkneifern ein gemütliches Heim bieten und sie so anlocken möchte, hängt einen mit Stroh gefüllten Blumentopf kopfüber an einen Ast.

SOMMERGÄSTE

Im Mai kehren einige Zugvögel, die sich auf der Obstwiese besonders wohlfühlen, aus dem Süden zurück. Jetzt müssen sie keinen starken Frost mehr fürchten und es ist genügend Nahrung da. Nur die Nistplätze sind rar, da die meisten schon besetzt sind.

Gartenrotschwänze

Der Gartenrotschwanz

Schon 90 Minuten vor Sonnenaufgang beginnt der Gartenrotschwanz seinen Gesang auf einer Baumspitze. Bei der Jagd auf Insekten sitzt er auf niedrigen Ästen und Zaunpfählen und zittert mit seinem Schwanz. Der ist sowohl beim Männchen als auch beim Weibchen rostrot. Ansonsten ist das Männchen mit seinem weißen Stirnband und seiner leuchtend orangeroten Unterseite auffälliger gefärbt als das eher graubraune Weibchen. Zum Brüten benötigt der Gartenrotschwanz eine Höhle oder Halbhöhle.

Grauschnäpper

Der Grauschnäpper

Der graubraune, gut getarnte Grauschnäpper liebt Obstwiesen. Hier sitzt er gern auf seinem Aussichtsposten, zum Beispiel auf einem trockenen Ast oder Zaunpfosten, und beobachtet die Umgebung. Kommt ein Schmetterling, eine Fliege oder Mücke vorbei, fliegt er los und schnappt sich das Insekt aus der Luft. Danach kehrt er meist zu seinem Aussichtsposten zurück. Als Brutplatz braucht der Grauschnäpper eine Halbhöhle oder Nische, etwa eine große Baumhöhle, ein paar dicht stehende Äste am Stamm oder eine Lücke in einer Hausmauer.

Wendehals

Neuntöter

Der Wendehals

Obwohl seine lauten Rufe weit zu hören sind, ist der Wendehals mit seinem rindenfarbigen Gefieder nur schwer zu entdecken. Dass er zur Familie der Spechte gehört, siehst du ihm nicht an, denn ihm fehlt der kräftige Schnabel, um Löcher in Baumstämme zu hacken. Darum nutzt er zum Brüten gern verlassene Buntspechthöhlen oder natürliche Baumhöhlen. Mit seinem kurzen Schnabel sucht er auf der Obstwiese vor allem nach Ameisen. Seinen Namen verdankt der Wendehals den schlangenartigen Bewegungen, die er mit seinem Hals vollführt, um Feinde abzuschrecken.

Der Neuntöter

Als letzter Zugvogel kehrt der Neuntöter aus seinem Winterquartier in Afrika auf die Obstwiese zurück. Beim Männchen fällt sofort die schwarze Augenmaske auf. Der restliche Kopf ist grau mit weißer Kehle. Ansonsten ist der Rücken rostrot gefärbt, die Unterseite leicht rosafarben und der Schwanz schwarz. Dem Weibchen fehlt die schwarze Maske, Kopf und Oberseite sind bräunlich, die Unterseite ist weißlich mit einer dunklen Schuppung. Neben Obstbäumen braucht der Neuntöter dornige Sträucher wie Schwarz- und Weißdorn sowie offene Wiesen als Jagdrevier. In den Sträuchern baut er sein Nest und legt seine Vorratskammer an. Denn hat er mehr Insekten oder Mäuse gefangen, als er auf einmal fressen kann, spießt er sie als Vorrat auf spitzen Dornen auf.

KINDERSTUBE OBSTWIESE

Während die Vögel zwischen den Zweigen nach Nistplätzen und Futter suchen, nutzen einige Säugetiere das mittlerweile hohe Gras rings um den Apfelbaum als Kinderstube. Hier sind die Jungtiere gut getarnt und einigermaßen sicher vor Greifvögeln und Füchsen.

Wo sind die kleinen Feldhasen?

Nach 42 Tagen Tragzeit bekommt der Feldhase im Sommer zum zweiten Mal Junge. Die kleinen Hasen haben bereits ein Fell, ihre Augen sind geöffnet und als Nestflüchter könnten sie sofort loshoppeln. Doch in den ersten Tagen hocken sie fast regungslos in ihrer Geburtsmulde im hohen Gras der Obstwiese, um keine Feinde auf sich aufmerksam zu machen. Nachts werden sie zweimal von ihrer Mutter mit Milch versorgt. Nach ungefähr 30 Tagen sind die jungen Hasen selbstständig. Jetzt beginnen sie, neugierig ihre Umgebung zu erkunden. Ihre Mutter wird bald weitere Häschen zur Welt bringen.

Übrigens: Wenn sich ein Feind, etwa ein Fuchs, ein Marder oder ein Greifvogel, nähert, verharrt der Feldhase zunächst ganz still mit angelegten Ohren in einer Mulde. Erst im letzten Augenblick springt er auf und läuft davon. Dabei schafft er auf freier Strecke eine Geschwindigkeit von 70 bis 80 Kilometern in der Stunde und ist damit schneller als alle anderen Tiere. Und weil der Hase auch noch Haken schlagen, also blitzschnell scharfe Kurven laufen kann, ist er auch für Greifvögel nur schwer zu erwischen.

Ein Rehkitz wird geboren

Um ein bis zwei Junge (Rehkitze) zur Welt zu bringen, sucht sich das weibliche Reh (Ricke) im Juni ein geschütztes Plätzchen, zum Beispiel auf einer abgelegenen Obstwiese. Hier im hohen Gras unter tief hängenden Ästen ist das Rehkitz mit seinen Punkten auf dem Rücken für gefährliche Greifvögel kaum zu entdecken.

Die Mutter kommt nur alle paar Stunden zum Säugen vorbei und schleckt das Junge sauber, damit es möglichst geruchlos bleibt. So haben es auch Füchse und Hunde schwer, das Kleine zu finden.

Im Alter von vier Wochen verlässt das Rehkitz sein Versteck. Von nun an begleitet es seine Mutter. Es lernt leckere Kräuter und die anderen Rehe kennen.

Im Juli und August beginnt die Brunft der Rehe. Die Männchen (Rehböcke) kämpfen jetzt miteinander, um herauszufinden, wer am stärksten ist. Der Sieger darf sich mit den Weibchen paaren. Doch erst ab Dezember entwickeln sich im Bauch der Ricken tatsächlich wieder kleine Rehkitze, die dann im Frühsommer, wenn es genug zu fressen gibt, das Licht der Welt erblicken.

BLUMENPRACHT

Wenn sie nur zwei- oder dreimal im Jahr gemäht und nicht gedüngt wird, können auf der Obstwiese viele verschiedene Blütenpflanzen wachsen.

Wilde Möhre

Die Wilde Möhre

Die dicke, orangefarbene Möhre aus dem Gemüsegarten sieht der hellen, dünnen Wurzel der Wilden Möhre kaum ähnlich, trotzdem gehören beide zur gleichen Art. Reibst du an der Wurzel der Wilden Möhre, kannst du den typischen Möhrengeruch schnuppern. Möhren zählen zu den zweijährigen Pflanzen: Im ersten Jahr wachsen nur die Blätter, im zweiten Jahr entstehen Blüten und Samen. Das typische Kennzeichen der Blütendolde ist eine kleine dunkle Blüte in der Mitte.

Wiesenschaumkraut

Der Löwenzahn

Nachdem die vielen kleinen, dicht gedrängten Einzelblüten im Frühling leuchtend gelb geblüht haben, verwandelt sich der Löwenzahn in lustige Pusteblumen. Jedes Samenkorn hat einen kleinen Fallschirm und kann sich mithilfe des Windes über weite Strecken verbreiten. Erstaunlich: Die lange Pfahlwurzel des Löwenzahns reicht einen Meter tief in den Boden, manchmal sogar tiefer.

Das Wiesenschaumkraut

Das Wiesenschaumkraut steht gern auf leicht feuchten Wiesen und blüht schon früh im Jahr. Bis in den Mai hinein taucht es die Obstwiese in ein rosafarbenes Blütenmeer. Bei einigen Insekten ist das Wiesenschaumkraut sehr beliebt: Die Raupe des schönen Aurorafalters zum Beispiel frisst gern von der Pflanze. Auch die Nester der Wiesenschaumzikade, die wie Spucke aussehen, findest du häufig an dieser Pflanze. Im Sommer platzen die reifen Schoten des Wiesenschaumkrauts explosionsartig auf, sodass die Samen bis zu zwei Meter weit geschleudert werden.

Löwenzahn

Die Wiesen-Schafgarbe

Weil die Wiesen-Schafgarbe Wurzelausläufer bildet, stehen meist mehrere Pflanzen büschelweise nebeneinander. An den feinen, gefiederten Blättern kannst du sie gut erkennen, auch wenn sie nicht blüht. Die Blüten sind meist weiß, können aber auch leicht rosa werden. Früher wurde das Kraut benutzt, um Wolle gelb zu färben und verschiedene Krankheiten zu behandeln.

Wiesen-Schafgarbe

Wiesen-Flockenblume

Herbstzeitlose

Die Wiesen-Flockenblume

Vom Sommer bis in den Herbst hinein leuchten die lilafarbenen Blüten der Wiesen-Flockenblume unter den Obstbäumen. Die Pflanze kann bis zu 80 Zentimeter hoch werden. Wird die Wiese häufiger als zweimal im Jahr gemäht, verschwindet die schöne Blume – schade, denn viele Schmetterlinge, Bienen und Schwebfliegen freuen sich über ihren Nektar.

Die Herbstzeitlose

Die Herbstzeitlose ist eine unserer giftigsten heimischen Pflanzen. Immer wieder kommt es zu tödlichen Verwechslungen mit ungefährlichen Pflanzen: Obwohl die Herbstzeitlose erst im Spätsommer blüht, halten viele sie für einen Krokus, eine Frühlingsblume. Außerdem erinnern die Blätter der Herbstzeitlosen an die des Bärlauchs, einer Gewürzpflanze. Ebenso bemerkenswert: Nach der Blüte im Herbst macht die Herbstzeitlose Winterpause. Ihre Frucht erscheint erst im Frühling.

SOMMERNACHT IM APFELBAUM

Wenn die Sonne untergeht, ziehen sich viele Tiere in ihre Nachtquartiere zurück, kuscheln sich in Baumhöhlen oder ins hohe Gras – aber nicht alle! Viele werden erst jetzt aktiv.

Fledermäuse

Auf naturnahen Obstwiesen leben viele Insekten, die Lieblingsspeise der Fledermäuse. Nachdem die Säugetiere den Tag in einer Baumhöhle verschlafen haben, in der sie auch ihre Jungen großziehen, starten sie in der Dämmerung ihre Jagd auf Mücken und andere Insekten. Dabei stoßen die kleinen Tiere sehr hohe Töne aus. Das Echo verrät ihnen, wie groß ein Beutetier ist und wo es sich genau befindet. Mithilfe des Echos schaffen es die Fledermäuse außerdem, Hindernissen gekonnt auszuweichen.

Nachtfalter

Die meisten Schmetterlinge sind nachts unterwegs und sehen ziemlich unscheinbar aus. Aber es gibt auch ein paar prächtige Arten, etwa die Schwärmer. Wie Kolibris schwirren sie durch die Luft und saugen mit ihrem langen Rüssel Blütennektar. Da sich viele Nachtfalter am Mondlicht orientieren, werden sie in der Stadt durch die vielen künstlichen Lichter irritiert, verfliegen sich und kommen so oft ums Leben.

Weinschwärmer

Erdkröte

Erdkröten

Gut versteckt vor der heißen Sommersonne, haben die Erdkröten den Tag unter einem Stapel Holz verbracht. Jetzt, in der Nacht, ist es endlich kühl und feucht genug, um auf Nahrungssuche zu gehen. Am liebsten fressen Erdkröten Insekten, Würmer, Schnecken und Asseln. Zum Glück gibt es davon rund um den Apfelbaum mehr als genug.

Glühwürmchen

Um den 24. Juni herum lohnt ein Abendspaziergang über die Obstwiese, vor allem wenn Wasser in der Nähe oder die Wiese ein bisschen feucht ist. Mit ein bisschen Glück entdeckst du dann in den Bäumen viele kleine Glühwürmchen, genauer gesagt: weibliche Leuchtkäfer. Sie können nicht fliegen und locken mit ihrem Leuchtorgan die Männchen an. Die wiederum können zwar fliegen, aber nicht leuchten – mit einer Ausnahme: Die Männchen des Kleines Leuchtkäfers haben auch ein Leuchtorgan.

Steinkäuze

Sobald es dunkel ist, beeilen sich die Steinkäuze, Mäuse, Insekten, Regenwürmer, Kleinvögel, Eidechsen und Frösche für ihren hungrigen Nachwuchs zu fangen. Die Jungen sitzen als „Ästlinge" im Apfelbaum und warten ungeduldig auf ihre nächtlichen Mahlzeiten. Fliegen können sie noch nicht, ihre Bruthöhle haben sie aber schon verlassen. Wenn du Glück hast, kannst du die Rufe der kleinen Eulen hören: „Guhwaig", „Gluui", „Miau" oder auch „Kuwitt".

HERBST

JETZT WIRD'S BUNT!

Rund und reif hängen die Äpfel im Apfelbaum, viele sind schon heruntergefallen – ebenso einige der gelb oder rot verfärbten Blätter. Wenn die Tage kürzer und die Temperaturen kälter werden, bereitet sich der Apfelbaum auf den Winter vor.

Warum fallen die Blätter ab?

Die Blätter sind die wichtigsten Organe des Apfelbaums. Mithilfe des Chlorophylls sorgen sie für die Energie, die der Baum zum Leben braucht. Aber warum wirft er sie im Herbst ab? Über die Blätter verdunstet Wasser. Wenn der Boden im Winter gefroren ist, kann der Baum kein Wasser aufnehmen. Damit er nicht vertrocknet, lässt er die Blätter fallen. Behielte der Baum seine Blätter, bestünde außerdem die Gefahr, dass sehr viel Schnee auf ihnen liegen bleiben würde und einige Äste unter dem Gewicht abbrechen könnten.

Warum werden die Blätter bunt?

Im Herbst baut der Apfelbaum das Chlorophyll in seinen Blättern ab. Jetzt kommen prächtige Gelb-, Orange- und Rottöne zum Vorschein, die das Blattgrün vorher überlagert hat. Erst wenn die Blätter ganz abgestorben sind, werden sie braun. Die Abbauprodukte des Chlorophylls und viele andere wichtige Stoffe speichert der Apfelbaum bis zum nächsten Frühling in seinem Stamm und in den Wurzeln unter der Erde.

Wann sind die Äpfel reif?

Je nach Sorte werden die Äpfel zwischen Juli und November reif. Um festzustellen, ob ein Apfel reif ist, knickst du den Stiel nach oben, drehst ihn und ziehst daran. Wenn er sich leicht vom Ast lösen lässt, ist der Apfel reif und lecker.

Wie sehen Äpfel von innen aus?

Schneide einen Apfel quer und einen anderen von oben nach unten durch und sieh dir die Schnittflächen genau an. Erkennst du das Kerngehäuse mit seinen fünf Kammern? Außerhalb des Kerngehäuses befindet sich das Fruchtfleisch. Den Abschluss bildet die Schale, die den Apfel schützt und besonders viele gesunde Stoffe enthält. Oben ist die Grube mit dem Stiel und unten die mit den Resten der Blüte.

SO VIELE ÄPFEL!

Wo stand der erste Apfelbaum?

Unsere Äpfel stammen vom Asiatischen Wildapfel aus dem Tian-Shan-Gebirge ab. Dort gibt es noch heute Apfelbaumwälder mit bis zu 30 Meter hohen Bäumen. Zuerst ließen sich Bären die knackigen Früchte schmecken. Vor etwa 10 000 Jahren kamen die Menschen ebenfalls auf den Geschmack und begannen, Apfelbäume zu pflanzen und zu verbreiten. So gelangten sie auch nach Europa. Heute gibt es weltweit rund 20 000 Apfelsorten. Vier bekannte Sorten siehst du hier.

WEISSER KLARAPFEL
Reife: Mitte/Ende Juli
Aussehen: grünlich weiße Schale
Geschmack: saftig, leicht säuerlich
Verwendung: nicht lagerfähig, Tafelapfel, Apfelmus

GOLDEN DELICIOUS
Reife: September bis Oktober
Aussehen: mittelgroß, gelblich grün
Geschmack: süß, saftig
Verwendung: Tafelapfel, Saft, Apfelmus

BOSKOP
Reife: Ende September bis Mitte November
Aussehen: mit matter Schale, groß
Geschmack: saftig, säuerlich
Verwendung: Back- und Bratapfel, Saft, Apfelmus

ELSTAR
Reife: Oktober bis November
Aussehen: grünlich gelbe bis rote Schale
Geschmack: saftig, eher süß
Verwendung: Tafelapfel, Backapfel, Saft

Verschiedene Apfelsorten

Auf unseren Obstwiesen und in unseren Gärten wachsen rund 2000 verschiedene Apfelbaumsorten. Die einen gedeihen auf trockenen, die anderen auf feuchten Böden gut, die einen lieber in der Sonne, die anderen im Schatten. Es gibt süße, saure, saftige und meh ige Äpfel. Einige werden schon im Sommer reif, andere erst im Herbst. Manche solltest du essen, sobald sie reif sind, manche können bis zum nächsten Frühling im Keller gelagert werden. Vier unbekanntere, alte Sorten stellen wir dir hier vor.

BERLEPSCH

Reife: Oktober
Aussehen: klein bis mittelgroß, gelb bis rötlich
Geschmack: fruchtig, saftig, süß-säuerlich
Verwendung: Tafelapfel, Saft, Backapfel

GOLDPARMÄNE

Reife: September bis Oktober
Aussehen: mittelgroß, gelbrot mit roten Streifen
Geschmack: knackig, leicht nussiges Aroma, wenig sauer
Verwendung: Tafelapfel, Backapfel, Apfelmus

ANANASRENETTE

Reife: Oktober
Aussehen: klein bis mittelgroß, grüngelb bis goldig
Geschmack: saftig, aromatisch
Verwendung: Tafelapfel, Saft, Apfelmus, Backapfel

GRAVENSTEINER

Reife: August, September
Aussehen: groß, grüngelb, rot geflammt
Geschmack: saftig, süß, leicht säuerlich
Verwendung: Tafelapfel, Saft, Apfelmus, Backapfel

LECKERES AUS ÄPFELN

Apfelmus

Zutaten: *1 kg Äpfel, Wasser, 1 Zimtstange, 1 Vanilleschote*
Zubereitung: Die Äpfel schälen, klein schneiden, in einen Topf geben und so viel Wasser darübergießen, dass sie bedeckt sind. Dann die Zimtstange und die Vanilleschote hineinlegen und alles zusammen zum Kochen bringen. Bei leichter Hitze so lange köcheln lassen, bis die Apfelstückchen zerfallen. Nun die Zimtstange herausholen und die gekochten Äpfel pürieren. Wer mag, legt sich einen Vorrat in sauberen Schraubgläsern an.

Apfel-Crumble

Zutaten: *1 kg Äpfel, 1 Teelöffel Zimt, 300 g Mehl, 200 g Zucker, 150 g Butter, Sahne, Vanilleeis*
Zubereitung: Die Äpfel schälen, die Kerngehäuse entfernen. Dann die Äpfel in Spalten schneiden, in eine Auflaufform legen und mit dem Zimt bestreuen. Danach aus Mehl, Zucker und Butter einen Teig kneten und in kleinen Stückchen über die Äpfel bröseln. Bei 180 °C rund 30 Minuten backen. Besonders lecker mit Schlagsahne und Vanilleeis!

Bratäpfel

Zutaten: *5 Boskopäpfel, 5 Teelöffel Rosinen, 100 g Marzipan, gehackte Walnüsse, Butter, Vanilleeis*
Zubereitung: Mit einem Apfelausstecher das Kerngehäuse entfernen und die Äpfel in eine Auflaufform stellen. Nun in jeden Apfel einen Teelöffel Rosinen, eine Kugel Marzipan und ein paar Walnüsse drücken. Obenauf kommt ein Stückchen Butter. Dann die Äpfel bei 200 °C für 15 bis 20 Minuten in den Backofen schieben. Mit einer Kugel Vanilleeis servieren.

Apfelmuffins

Zutaten: *250 g Mehl, 120 g Zucker, 2½ Teelöffel Backpulver, 2 Eier, 130 g flüssige Butter oder 100 g Backöl, 200 g Joghurt, klein geschnittene Äpfel, Zucker und Zimt*

Zubereitung: Mehl, Zucker und Backpulver vermischen. Danach die flüssigen Zutaten miteinander verquirlen und zu den trockenen Zutaten geben. Alles zusammen kurz miteinander verrühren. Die klein geschnittenen Äpfel mit Zucker und Zimt vermischen und unter den Teig heben. Den Teig in die Muffin-Förmchen füllen und bei 180 °C für etwa 20 Minuten backen.

Apfel-Flammkuchen

Zutaten: *200 g Mehl, 2 Esslöffel Sonnenblumenöl, 125 g Wasser, 1 Prise Salz, 200 g Schmand, 1 Esslöffel Zucker, 2 bis 3 Äpfel, Zucker und Zimt*

Zubereitung: Mehl, Sonnenblumenöl, Wasser und Salz miteinander verkneten. Den elastischen Teig eine halbe Stunde ruhen lassen und dann zu dünnen Fladen ausrollen. Danach den Schmand mit dem Zucker mischen und auf den Teig streichen. Die Äpfel schälen, in dünne Scheiben schneiden und auf dem Teig verteilen. Zum Schluss gleichmäßig mit Zucker und Zimt bestreuen. Bei 250 °C etwa 10 Minuten backen, bis der Teig leicht bräunlich wird.

Apfelkuchen

Zutaten: *125 g weiche Butter, 125 g Zucker, 3 Eier, 2 Esslöffel Milch, 200 g Mehl, ½ Päckchen Backpulver, 5 bis 6 Äpfel, Mandelblättchen, Puderzucker*

Zubereitung: Butter, Zucker, Eier, Milch, Mehl und Backpulver verrühren. Den cremigen Teig in eine runde, gefettete Springform füllen. Nun die Äpfel schälen, halbieren oder vierteln und das Kerngehäuse entfernen. Die Apfelstücke mit dieser Seite nach unten in den Teig drücken. Die Oberseiten mit einem Messer einritzen und mit den Mandelblättchen bestreuen. Den Kuchen bei 180 °C etwa 40 Minuten backen und später, wenn er abgekühlt ist, mit dem Puderzucker bestreuen.

Guten Appetit!

BESONDERE APFELBÄUME

Spalierobst

Der Apfel ist die wichtigste Obstsorte in Deutschland. 25 Kilogramm Äpfel lässt sich jeder Mensch pro Jahr durchschnittlich bei uns schmecken. Daher werden Äpfel auf großen Plantagen angebaut, zum Beispiel im „Alten Land" bei Hamburg. Die Apfelbäume, die hier in dichten Reihen stehen, sind niedrig und ihre Zweige wachsen nur in zwei Richtungen. So lassen sich die Äpfel besonders leicht pflücken – oft sogar ohne Leiter. Auch in sehr kleinen Gärten ist das sogenannte Spalierobst beliebt.

Überraschungs-Apfelbäume

Mit ein bisschen Glück gelingt es dir, einen Apfelbaum aus einem Apfelkern zu ziehen. Stecke dazu ein paar Kerne in einen Blumentopf mit guter Erde und halte sie gleichmäßig feucht. Irgendwann sprießt vielleicht ein Pflänzchen, das sich zu einem Baum entwickelt, blüht und Früchte trägt. Wenn dein Ursprungsapfel jedoch von einer Plantage stammte, bleiben deine Äpfel wahrscheinlich klein und schmecken sauer. Denn die Apfelbäume auf einer Plantage werden häufig mit dem Pollen von Zierapfelbäumen befruchtet.

Minitatur-Apfelbäume

Für Balkon und Terrasse gibt es besonders kleine Bäume, die in große Blumentöpfe oder Kübel gepflanzt werden. Damit sie nicht so viel Platz brauchen, wachsen sie entweder ganz schmal wie Spalierobst oder als Pyramiden-Apfelbäume kerzengerade nach oben. Miniatur-Apfelbäume im Blumentopf müssen regelmäßig gegossen und gedüngt werden.

Wunsch-Apfelbäume

Apfelbäume werden meist durch Veredelung vermehrt. Ein frischer Apfelbaumzweig (Edelreis) wird an ein kurzes Stammstück mit Wurzel oder einen Ast eines anderen Apfelbaums (Unterlage) „operiert". Dazu werden die beiden Teile mit einem scharfen Messer angeschnitten, die Schnittstellen aufeinandergedrückt und fest zusammengebunden. Auf diese Weise sind viele interessante Kombinationen möglich. Wenn etwa eine niedrige Sorte, die saure Äpfel trägt, mit einer süßen Sorte veredelt wird, die sehr hoch wächst, lassen sich später ohne Leiter süße Früchte ernten.

Mein Apfelbaum

Möchtest du deinen eigenen Apfelbaum pflanzen? Dann überlege dir, wo er stehen könnte und wie deine Äpfel schmecken sollen. Lass dich in einer Gärtnerei beraten, welche Sorte infrage kommt. Für alle Sorten gilt: Das Pflanzloch muss größer als der Wurzelballen sein und genügend lockere, humusreiche Erde enthalten. Am besten gibst du noch eine Gießkanne Wasser mit hinein.

Sollte dein Baum unten am Stamm veredelt sein, achte darauf, dass die Veredelungsstelle nicht mit eingegraben wird. Denn sonst bildet das Edelreis eigene Wurzeln, und der Baum wächst ganz anders, als du dir das vorgestellt hast.

Damit dein Apfelbaum stabil steht, schlägst du neben ihm mithilfe eines Erwachsenen einen Holzpfahl in den Boden und bindest deinen Baum daran fest.

Die beste Pflanzzeit ist übrigens der Herbst. Dann hat das Bäumchen genügend Zeit, um neue Wurzeln zu entwickeln, mit denen es im Frühling, wenn die Blätter wieder sprießen, Wasser aus dem Boden ziehen kann.

BEVOR DER WINTER KOMMT

Im Herbst siehst du besonders viele Insekten unter den Apfelbäumen. Sie werden von den süßen Säften der heruntergefallenen und faulenden Äpfel angezogen. Wespen, Fliegen, Hornissen, Ameisen und Schmetterlinge tanken Energie an den zuckerhaltigen Äpfeln.

Überlebensstrategien

Insekten sind wechselwarme Tiere, das heißt, ihre Körpertemperatur passt sich der Außentemperatur an. Wird es zu kalt, fallen sie in eine Kältestarre. Um über den Winter zu kommen, haben die kleinen Tiere verschiedene Strategien entwickelt. Einige überwintern als ausgewachsene Tiere, etwa Marienkäfer, Zitronenfalter, Ameisen oder Mücken. Andere, zum Beispiel einige Schmetterlingsarten oder Läuse, legen Eier, die den Winter überdauern. Viele Käfer überwintern als Larve oder als Puppe.

Eins haben alle gemeinsam: Sie brauchen einen Platz, der nicht so leicht entdeckt wird und vor ungemütlichem Wetter schützt. Der kann unter der Rinde sein, in einer Baumhöhle, unter einem Blätterhaufen, einem heruntergefallenen Ast, unter Steinen oder in der Erde.

Das Tagpfauenauge

Nur sechs der 180 heimischen Tagfalterarten überstehen den Winter als erwachsene Tiere, zum Beispiel das Tagpfauenauge. Bevor es sich ein geschütztes Plätzchen auf einem Dachboden oder in einer Gartenhütte sucht, saugt es mit seinem langen Rüssel den süßen Saft von faulenden Äpfeln oder Birnen. Wenn du es schaffst, dich nah genug heranzuschleichen, kannst du das kleine Tier dabei beobachten.

Tagpfauenauge

Fruchtfliegen

Frucht- oder Essigfliegen kennst du bestimmt. Im Sommer und Herbst fliegen die kleinen „Plagegeister“ um Obstkuchen und Säfte herum. Dort suchen sie nach Plätzen, an denen sie ihre Eier ablegen können. Wenn es warm genug ist, braucht eine Fruchtfliege nur neun Tage, um sich vom Ei bis zum erwachsenen Tier zu entwickeln. Schon nach einem Tag schlüpft die Made aus dem Ei. Dann frisst sie vier Tage lang Bakterien, Hefepilze und Fruchtsaft, bevor sie sich für weitere vier Tage verpuppt. Zwölf Stunden nach dem Schlüpfen kann sie schon eigene Eier legen. Aber spätestens nach dem ersten Frost ist Schluss mit der Plage. Den Winter überstehen nur Eier und Larven.

Wespen und Hornissen

Häufige Gäste am Apfelbaum sind Wespen und Hornissen. Manchmal haben sie hier auch ihr Nest. Das bauen sie in großen Hohlräumen, etwa in Nistkästen. Außerdem finden sie rund um den Apfelbaum immer genug zu fressen. Hornissen und Wespen überwintern als ausgewachsene Tiere, allerdings nur die jungen Königinnen. Alle anderen sterben im Herbst. Die Königinnen suchen sich eine sichere Höhle. Um sich vor Frost zu schützen, lagern sie in ihren Zellen eine Art Frostschutzmittel ein. Es verhindert, dass das Wasser in ihrem Körper gefriert.

WINTER

SÄUGETIERE

Am Boden rund um den Apfelbaum liegt etwas Fallobst, auch an den Ästen hängt hier und da noch ein vergessener Apfel. Einige Säugetiere, die sonst nur versteckt im Wald oder unter der Erde leben und jede Begegnung mit Menschen scheuen, trauen sich jetzt auf die stille Obstwiese.

Der Dachs

Einer von ihnen ist der Dachs, der vor allem nachts unterwegs ist. Im Sommer frisst er gern Würmer, Käfer und Beeren, im Winter schmecken ihm Äpfel. Wenn es länger kalt ist, bleibt das Tier mit der markanten Gesichtszeichnung jedoch lieber in seinem unterirdischen Bau, den es mit seinen kräftigen Krallen bis zu fünf Meter tief in den Boden gegraben hat. Hier kann der Dachs ruhig schlafen, ohne von Kälte oder Schnee überrascht zu werden. Den nötigen Winterspeck dafür hat er sich bereits im Herbst zugelegt.

Das Wildschwein

Nach dem Reh ist das Wildschwein unsere zweithäufigste Großtierart. Dennoch bekommen wir es nur recht selten zu Gesicht, da es sich lediglich in der Dämmerung oder nachts aus seinem Versteck wagt. Mit seiner guten Nase findet es unter der Erde Wurzeln, Knollen und Würmer. Auch Obst mag es gern. Darum freut sich das Wildschwein, wenn es im Winter einen Baum mit letzten Äpfeln entdeckt.

Rotfuchs

Der Rotfuchs

Auch der Rotfuchs stromert im Winter gern über die Obstwiese. Äpfel interessieren ihn jedoch nicht so sehr – aber die Mäuse, die unvorsichtig an liegen gebliebenen Früchten naschen. Wie eine Katze schleicht sich der Fuchs langsam an eine Maus heran, springt dann kräftig nach oben, um sie blitzschnell – mit Vorderpfoten und Schnauze voran – zu packen.

Dachs
Wildschwein

KLEINE VÖGEL

Viele Vögel haben die Obstwiese verlassen, um in den warmen Süden zu ziehen. Andere dagegen sind aus kälteren Gebieten in Nord- oder Osteuropa gekommen, um den Winter bei uns zu verbringen. Auf der Obstwiese treffen sie auf Arten, die hier geblieben sind.

Wacholderdrossel

Die Wacholderdrossel

Drosseln lieben Obst, auch die Wacholderdrosseln. Weil sie sehr gesellig sind, brüten sie in kleinen Kolonien und schließen sich im Winter zu großen Schwärmen zusammen. Bevor die Tiere auf der Suche nach leckerem Obst gemeinsam durchs Land ziehen, kommen noch Wacholderdrosseln aus Nord- und Osteuropa dazu. Vor 100 Jahren haben die Menschen die Vögel oft gefangen und gegessen. Damals hieß die Wacholderdrossel noch Krammetsvogel.

Die Amsel

Auch die Amsel zählt zu den Drosseln. Im Herbst und Winter ist sie ein häufiger Gast auf der Obstwiese. Mit ihrem kräftigen Schnabel pickt sie kleine Stücke aus den Äpfeln. Wenn du mal einen alten, runzeligen Apfel übrig hast und den Amseln eine Freude machen möchtest, legst du ihn einfach im Garten auf die Wiese. Das Amselmännchen hat ein schwarzes Gefieder und einen gelben Schnabel. Der Schnabel des braunen Weibchens ist dunkel.

Amseln

Der Star

Manchmal wird der Star mit der Amsel verwechselt, weil auch er ein schwarzes Gefieder und einen gelben Schnabel hat. Allerdings schimmern seine Federn grün und lilafarben und haben oft helle Punkte. Und: Während die Amsel hüpft, schreitet der Star mit großen Schritten über die Wiese. Früher sind alle Stare im Herbst in den warmen Mittelmeerraum geflogen. Aber seit es bei uns nicht mehr so kalt wird, sparen sich einige den weiten Weg und suchen lieber in den Apfelbäumen nach altem Obst. Die Stare, die in den Süden ziehen, sammeln sich zu riesigen Schwärmen. Obwohl sie so dicht beieinanderfliegen, stoßen sie nicht zusammen.

Star

Seidenschwanz

Der Seidenschwanz

Einer unserer schönsten Vögel ist der Seidenschwanz. Im Sommer brütet er in Skandinavien und Russland, im Winter kommt er zu uns. Auffällig sind seine nach hinten gerichtete Federhaube, die schwarze Augenmaske und die gelbe Schwanzbinde. Auf der Obstwiese sind Seidenschwänze eigentlich nur selten zu sehen. In manchen Jahren jedoch tummeln sich einige dieser hübschen Vögel in den Apfelbäumen. Dafür gibt es zwei Gründe: Entweder haben die Tiere im Sommer besonders viele Junge bekommen oder sie finden nicht genug Vogelbeeren, ihre Hauptnahrung im Winter. Weil der Seidenschwanz so unregelmäßig auftaucht, hielten die Menschen ihn früher für ein böses Vorzeichen.

GROSSE VÖGEL

Im Winter fallen in den kahlen Obstbäumen und auf der abgemähten Wiese Vogelarten auf, die im Sommer nicht so leicht zu entdecken sind. Es lohnt sich daher, einen Blick in die Baumkronen und auf den Boden rund um die Stämme der Apfelbäume zu werfen.

Der Grünspecht

Im Gegensatz zu anderen Spechten sucht der Grünspecht seine Nahrung nicht oben im Baum, sondern unten auf der Wiese, wo er mit seinem Schnabel nach den Nestern der Wiesenameise stochert. Und weil es davon auf der Obstwiese jede Menge gibt, kannst du ihn hier oft treffen. Im Sommer ist der Grünspecht zwischen all den langen, grünen Grashalmen jedoch fast unsichtbar. Im Winter dagegen kannst du ihn sehr gut beobachten. Vielleicht hörst du auch seine lauten Rufe, mit denen er auf sich aufmerksam macht: mehrere schnelle, flötende Töne auf einer Tonhöhe. Auch an seinem wellenförmigen Flug ist der Grünspecht gut zu erkennen. Nach ein paar kräftigen Flügelschlägen gleitet er wie ein Pfeil durch die Luft, bevor er wieder mit den Flügeln schlägt. Auf diese Weise fliegt der große grüne Vogel flach über den Boden zum nächsten Baum.

Grünspecht

Turmfalke

Der Turmfalke

Seinen Namen verdankt der Turmfalke der Tatsache, dass er meist auf hohen Türmen oder in Fels- und Mauerwänden brütet. Doch er nimmt ebenso gern ein verlassenes Krähen- oder Elsternest an, das hoch im Baum hängt. Bekannt ist der Turmfalke auch unter dem Namen „Rüttelfalke“, da er auf der Jagd oft mit rüttelndem Flügelschlag in der Luft „steht“. Auf diese Weise sucht er die Wiese nach Mäusen ab. Manchmal nutzt er dafür auch hoch gelegene Äste von Obstbäumen. Das Männchen hat einen grauen Kopf, der sich deutlich von seinem rostroten Rücken mit den schwarzen Punkten absetzt. Beim Weibchen ist der Kopf rotbraun und unterscheidet sich farblich kaum von der Oberseite, die stärker gefleckt ist als beim Männchen.

Der Mäusebussard

Der Mäusebussard baut sein Nest in hohen Bäumen, meist am Waldrand oder in hohen Feldgehölzen. Von dort aus sucht er auf Wiesen und Feldern nach Nahrung, auch auf der Obstwiese. Er kreist über dem Gebiet und lässt sich dann stoßartig fallen, wenn er eine Maus entdeckt hat. Mit seinen besonders guten Augen kann er aus großer Entfernung Mäuse durchs Gras huschen sehen. Außerdem kann der Vogel ultraviolettes Licht und damit die Urin- und Kotspuren erkennen, die die Mäuse hinterlassen, und so abschätzen, ob sich viele oder wenige Mäuse auf der Wiese tummeln. Um schnell reagieren zu können, nimmt der Mäusebussard nicht wie wir nur 25 Bilder pro Sekunde wahr, sondern bis zu 150.

Mäusebussard

GUT GESCHÜTZT

Vor allem nachts, wenn es bitterkalt ist, suchen viele Tiere beim Apfelbaum Schutz. Sie verkriechen sich in Astlöchern, Höhlen und Spalten oder unter der Rinde. Auch als Vorratslager ist der Apfelbaum gut geeignet.

Nachtquartier

Sitzen Vögel beisammen, halten sie meist Abstand zueinander. Direkter Kontakt, Feder an Feder, kommt nur selten vor. Im Winter jedoch machen einige Vogelarten eine Ausnahme. Gartenbaumläufer und Zaunkönige zum Beispiel übernachten in Schlafgemeinschaften. Sie kuscheln sich eng aneinander und wärmen sich gegenseitig. Doch während die Gartenbaumläufer sich dabei an einem Astloch oder in einem Spalt am Stamm des Apfelbaums festhalten, sucht der Zaunkönig gemeinsam mit seinen Artgenossen eine Baumhöhle oder eins seiner Schlafnester auf. Darin ist es deutlich wärmer als draußen am Stamm oder auf einem Ast, wo die Tiere dem eisigen Winterwetter schutzlos ausgeliefert sind. Andererseits können die Vögel aus einer Höhle nicht schnell genug fliehen, wenn beispielsweise ein Marder auf die Jagd geht oder Gefahr durch ein anderes Raubtier droht.

Gartenbaumläufer

Ein Höhle voller Nüsse

Um gut über den Winter zu kommen, sammeln Gelbhalsmäuse viele Hundert Nüsse, Bucheckern und Eicheln. Ihre Vorratslager legen sie in Baum- und Erdhöhlen an – auch auf der Obstwiese. Dort sind die Leckereien sicher vor Nussdieben, etwa neugierigen Eichelhähern, die nicht in die Höhle hineinpassen. Im Laufe des Winters fressen die Mäuse ihre gesammelten Schätze auf.

Gelbhalsmaus

Bis zum nächsten Frühling

Wenn der Herbst zu Ende geht, fallen Insekten in eine Winterstarre. Sie bewegen sich nicht mehr und verbrauchen kaum noch Energie. So können sie den Winter überleben. Zeigt das Thermometer jedoch über eine längere Zeit extreme Minusgrade an, schaffen es die kleinen Tiere nicht und erfrieren. Genauso gefährlich wie zu niedrige Temperaturen sind zu hohe: In feuchten warmen Wintern leiden Insekten oft unter Pilzinfektionen, an denen sie auch sterben können. Deshalb ist es für sie wichtig, einen geschützten Platz zum Überwintern zu finden, an dem sie Kälte, Schnee und Regen weniger ausgesetzt sind. Eine Baumhöhle ist ideal, aber auch unter der Erde, in einem Holzstapel, unter der Rinde oder in einer Gartenhütte finden die kleinen Tiere Schutz.

Marienkäfer

WINTERARBEIT

Nach der Apfelernte im Herbst gibt es auch im Winter einiges auf der Obstwiese zu tun.

Obstbaumschnitt

Damit der Apfelbaum jedes Jahr schöne und gesunde Äpfel trägt, muss er gepflegt werden. Dazu gehört, dass er regelmäßig beschnitten wird. Dabei werden die Äste abgesägt, die schon sehr alt sind oder keine Äpfel tragen. Ohne diesen Schnitt würde der Baum seine Energie mehr ins Holzwachstum als in die Bildung von Äpfeln stecken. Durch den regelmäßigen Schnitt wird die Baumkrone lichter, sodass mehr Luft und Licht an Pflanze und Äpfel gelangen können.

Welche Äste genau herausgeschnitten werden müssen, hängt unter anderem vom Alter des Baums und davon ab, ob er bereits in der Vergangenheit regelmäßig beschnitten worden ist. In der Regel werden alle senkrecht nach oben wachsenden Äste abgeschnitten und andere gekürzt. Das Bild zeigt den so genannten Erziehungsschnitt eines jungen Apfelbaums.

Dass der Baumschnitt meist im Winter durchgeführt wird – am besten bis Ende Februar –, hat viele Vorteile:

Erstens kann sich die Wunde nicht so leicht infizieren, weil die kalte Winterluft weniger Pilze und Bakterien enthält. Zweitens kann der Baumbesitzer aufgrund der fehlenden Blätter besser erkennen, welche Äste abgeschnitten werden müssen. Und drittens werden im Winter keine Tiere beim Brüten gestört. Es sollte jedoch nicht kälter als minus fünf Grad sein, damit die Astwunden durch den Frost nicht beschädigt werden.

Was tun mit Zweigen und Ästen?

Die abgeschnittenen Äste und Zweige solltest du nicht einfach in einem Lagerfeuer verbrennen. Viel besser ist es, sie an einem ruhigen Platz in der Nähe zu stapeln und so Kröten, Molchen, Mäusen, Insekten und Spinnen ein neues Zuhause zu schaffen. Außerdem bauen Rotkehlchen und Zaunkönige in solchen Stapeln gern ihre Nester. Im nächsten Jahr lassen sich also bestimmt viele interessante Tierbeobachtungen machen.

Was tun mit altem Laub?

Es wäre schade, wenn du die Blätter mit einem Rechen von der Wiese entfernen würdest. Am besten lässt du sie einfach liegen. Wie eine Bettdecke schützen sie dann die darunter lebenden Tiere und Pflanzen vor zu starkem Frost. Außerdem freuen sich die Regenwürmer, die die Blätter nach und nach in ihre Löcher ziehen, zu Erde verarbeiten und so dem Apfelbaum wichtige Nährstoffe liefern. Gefällt dir Laub auf der Wiese nicht, kannst du es unter Sträuchern oder unter einer Hecke verteilen. Vielleicht findet ein Igel dort einen gemütlichen Unterschlupf.

GLOSSAR

Apfelschorf: eine Pilzkrankheit

Bestäubung: Befruchtung einer Blüte durch → Pollen

Brunft: Paarungszeit von Rehen, Rothirschen und Wildschweinen (Jägersprache)

Chlorophyll: grüner Blattfarbstoff, der wichtig für die → Fotosynthese ist

Fotosynthese: Umwandlung von Wasser und Kohlenstoffdioxid in Zucker und Sauerstoff bei Sonnenlicht mithilfe des → Chlorophylls

Fruchtknoten: der untere, bauchige Teil des → Stempels, in dem später die Samenkörner entstehen

Gleichwarme Tiere: Tiere, die ihre Körpertemperatur unabhängig von der Außentemperatur halten, etwa Vögel und → Säugetiere

Griffel: der obere Teil des → Stempels, der die → Narbe trägt

Kelchblatt: grünes Blatt am unteren Teil einer Blüte (schützt die Blüte, wenn sie noch eine → Knospe ist)

Kerngehäuse: der mittlere Teil einer Frucht, in dem die Samenkörner liegen

Knospe: junger Spross, der die Anlagen für Blätter oder Blüten enthält

Kronblatt: Blütenblatt

Miniatur-Apfelbaum: klein bleibender Apfelbaum, der in einem Kübel wachsen kann

Nachtfalter: Schmetterlinge, die hauptsächlich nachts aktiv sind

Narbe: der obere Teil des → Griffels, auf den der → Pollen fallen muss, damit eine Frucht entsteht

Nektar: nährstoffreiche, süße Flüssigkeit in einer Blüte, Nahrung/Lockmittel für Insekten

Nestflüchter: Jungtiere, die schon wenige Stunden nach der Geburt oder nach dem Schlüpfen den Nestbereich verlassen können

Nesthocker: Jungtiere, die erst nach einigen Tagen oder Wochen nach der Geburt oder nach dem Schlüpfen den Nestbereich verlassen können

Obstbaumschnitt: Beschneiden eines Obstbaums mit dem Ziel, mehr Früchte ernten zu können

Phloem: Leitungsbahn eines Baums für den Nährstofftransport

Pollen: Blütenstaub

Puppe: ein Entwicklungsstadium von Insekten

Pyramiden-Apfelbaum: Apfelbaum ohne ausladende Äste

Raupe: ein Entwicklungsstadium von Schmetterlingen

Revier: ein abgegrenztes Gebiet, das ein Tier oder eine Tiergruppe für sich beansprucht

Säugetiere: gleichwarme Tiere mit Fell, die lebende Junge zur Welt bringen und mit Muttermilch versorgen

Spalierobst: Obstbäume, die so beschnitten sind, dass die Äste nur zu zwei Seiten wachsen

Staubfaden: meist schmaler, fadenförmiger Träger des Staubbeutels mit dem → Pollen

Stempel: der Teil einer Blüte, der aus → Fruchtknoten und → Griffel besteht

Streuobstwiese: Wiese, auf der verschiedene Obstbäume locker verstreut stehen

Tarnen: sich an die Umgebung anpassen, um nicht von Feinden gesehen oder entdeckt zu werden

Veredelung: durch Menschen vorgenommene künstliche Vermehrung von meist verholzten Pflanzen ohne den Einsatz von Samenkörnern

Wechselwarme Tiere: Tiere, die ihre Körpertemperatur der Außentemperatur anpassen, zum Beispiel Kröten und Insekten

Winterschlaf: Dauerschlaf einiger → gleichwarmer Tiere, bei dem Körpertemperatur und Herzschlag abgesenkt werden

Winterstarre/Kältestarre: bewegungsloser Zustand, in den → wechselwarme Tiere fallen, wenn die Temperaturen unter gewisse Grenzen sinken

Xylem: Leitungsbahn eines Baums für den Wassertransport

Zugvögel: Vogelarten, die zwischen ihrem Brutgebiet und ihrem Überwinterungsgebiet mehrere Hundert oder Tausend Kilometer zurücklegen

REGISTER DER TIERNAMEN

HOLGER HAAG,

schon als Kind ein großer Naturfreund, leistete nach dem Abitur Zivildienst im Nationalpark Schleswig-Holsteinisches Wattenmeer und studierte anschließend Biologie in Göttingen. Nach Stationen in der Umweltakademie Stuttgart und dem Naturkundemuseum Stuttgart begeistert der Vater von drei Töchtern heute vor allem Kinder für die heimische Tier- und Pflanzenwelt – sowohl bei seiner Arbeit in einer Betreuungseinrichtung für Schulkinder als auch beim Schreiben zahlreicher Bücher für junge Naturforscherinnen und Naturforscher.

LARS BAUS,

geboren und aufgewachsen in Unterfranken, war von Kindesbeinen an in Wald und Wiese unterwegs und interessierte sich früh für die Tier- und Pflanzenwelt seiner Heimat. Baus studierte Illustration und Animation an der Fachhochschule für Design in Münster und verbrachte im dortigen Zoo viele Stunden mit Bleistift und Papier vor den Gehegen der Wildtiere. Der freie Illustrator lebt mit Frau und Kind in Münster, bebildert Kinder- und Sachbücher und zeichnet für Kindermuseen sowie Naturschutzvereine.

5 4 3 27 26 25
ISBN 978-3-649-63775-2

Hafenweg 30, 48155 Münster, Germany
CH: Baumgartner Bücher AG,
Industrie Nord 9, 5634 Merenschwand

Text: Diplom-Biologe Holger Haag
Illustrationen: Lars Baus
Redaktion: Susanne Tommes

www.coppenrath.de